Regina Maaß

SO SCHREIBT MAN EINEN BESTSELLER!

Herstellung und Verlag:
BoD – Books on Demand, Norderstedt
ISBN 978-3-7386-1425-1

1.Auflage 2015

Bildmaterial Fotelia

INHALT:

SO SCHREIBT MAN EINEN BESTSELLER!

Je mehr Vergnügen du an der Arbeit hast, umso besser wird sie bezahlt.

Mark Twain

Schreiben kann man lernen! Allerdings ist neben Talent vor allem das Handwerk wichtig – und das sollte man lernen und schließlich auch beherrschen! Zum Schreiben lernen brauchen Sie neben Talent natürlich auch: Disziplin, Geduld und Hingabe. Nur wer dran bleibt, wird eines Tages auch gute Geschichten schreiben können.

Einen Anfang finden: Jeder kennt das Bild vom armen Schriftsteller, der verzweifelt vor seinem leeren Blatt sitzt. Was kann man tun?

Anstrengendes Nachdenken nützt hier herzlich wenig. Die Gedanken müssen fließen. Einfach mal locker lassen und vor sich hin träumen. Ein Spaziergang in der schönen Natur kann schon Wunder bewirken. Die besten Ideen kommen ganz plötzlich und lassen sich nicht erzwingen.

Mark Twain hat mal gesagt, dass ihm die besten Einfälle im Schlaf gekommen sind. **Meditation:** Versetzten Sie sich in den Alpha-Zustand, denn der Alpha –Zustand begünstigt Kreativität und Phantasie. Mit Hilfe des Unterbewusstseins entsteht neues. Ideen und Intuitionen sind völlig unabhängig vom Willen.

INSPIRATION

Autorin/Autor ist man immer und überall, daher führen Sie möglichst immer ein Notizbuch mit. Schließen Sie die Augen und lassen die Vergangenheit oder eine schöne Begebenheit wieder aufleben. Versuchen Sie aus einer Zeitungsüberschrift eine Geschichte zu erfinden. Der Schriftsteller Damon Knight las einmal das Schild mit der Aufschrift „Tickets nach überall". Er machte daraus eine Sciencefiction-Geschichte.

Die erste Übung:

Die Erinnerung ist enorm wichtig. Tauchen Sie ein in Ihre Vergangenheit. Beginnen Sie mit: „Ich erinnere mich" und fangen einfach an zu schreiben. Es spielt keine Rolle, was Sie schreiben. Schreiben Sie einfach. So üben Sie Ihre Kreativität. Wenn Sie nicht mehr weiter wissen, dann beginnen Sie wieder mit „ Ich erinnere mich."

Ungewiss, wann die Dämmerung kommt, öffne ich alle Türen.

Emily Dickinson

CLUSTERING

Mit Clustering können Sie Ihre sprachliche Kreativität methodisch weiter entwickeln. Die linke Gehirnhälfte ist für das analytische Denken, Sprache und Details zuständig. Die rechte hingegen ist für intuitives Denken verantwortlich. Das Clustering ist ein Mittel, um die rechte Gehirnhälfte zu aktivieren. Hier werden die Assoziationen scheinbar ungeordnet auf das Papier gebracht. Entwickelt wurde das Clustering von der Lehrerin Gabriele L. Rico.

So funktioniert Clustering

Nehmen Sie ein Blatt in DIN4 Format in Querformat und verschieden farbige Stifte. In der Mitte Ihres Blattes schreiben Sie ein Wort wie zum Beispiel: „Zeit oder Urlaub". Egal, welches Wort Sie nehmen, es ist Ihr Kern-Wort. Ziehen Sie einen Kreis um das Kern-Wort. Jetzt folgen Sie einfach den Strom Ihrer Gedanken. Wichtig ist, dass Sie Ihre Einfälle schnell und ohne großes Nachdenken aufschreiben. Umkreisen Sie die Einfälle und verbinden Sie diese. Machen Sie so lange weiter bis Ihre Assoziationen versiegen. Es klingt fast wie Zauberei, aber irgendwann werden Sie wissen worüber Sie schreiben wollen. Ihre beiden Gehirnhälften werden so für Sie arbeiten.

Der Mond entwickelt Kreativität wie Chemikalien ein Foto Entwickeln.

Norma Jean Harris.

ERZÄHLPERSPEKTIVE Wer erzählt die Geschichte

Die Erzählperspektive legt fest, durch wessen Augen wir die Geschichte erleben und in welcher grammatischen Form das geschieht. Ich-, Du-, Er-, Form.

Der auktoriale Erzähler/Der allwissende Erzähler war im 18. Und 19. Jahrhundert, besonders in viktorianischen Romanen sehr beliebt. Allwissend daher, weil er in die Köpfe seiner Charaktere blicken kann – aber das macht ihn in der heutigen Zeit unglaubwürdig. Diese Erzählperspektive liest sich schnell selbstherrlich und es baut sich eine Distanz zwischen Leser und Charakteren auf. In der heutigen Zeit wollen sich die Leser mit den Charakteren identifizieren und das erlaubt die auktoriale Erzählperspektive nicht. Wenn allerdings einen Roman geschrieben werden soll, indem viele Charaktere vorkommen und in dem viel Stoff verarbeitet werden soll, dann hat die auktoriale Erzählweise schon ihre Vorzüge, denn der Autor kann in die Köpfe von verschiedenen Charakteren blicken und ist nicht nur in einem gefangen.

Der personale Erzähler – hier wird die Geschichte aus der Perspektive eines Charakters erzählt. Gebräuchlich ist hier die ER-Form. Die personale Erzählung ist heute sehr beliebt, da der Leser eine emotionale Nähe zu dem Charakter aufbauen kann. Der Leser kann die Gefühle des Charakters wahrnehmen. **Diese Erzählform ist für Schreibanfänger ideal.**

Der Ich-Erzähler – ist offen und authentisch, wenn nicht sogar manchmal schamlos, weil er dem Leser sehr nahe kommt. Hier kann der Leser auch nur in einen Charakter hineinsehen und das, sehr direkt. Diese Direktheit birgt allerdings die Gefahr, dass der Leser nicht weiterliest, weil ihm der Charakter unsympathisch ist. **Für unerfahrene Schreiber ist diese Erzählperspektive nicht so empfehlenswert**, da hier nur die Ereignisse erzählt werden, bei denen der Ich-Erzähler auch anwesend ist, Der Leser aber, will alle dramatischen Szenen der Story miterleben und das ist bei der Erzählperspektive nicht möglich.

Der Du-Erzähler – diese Perspektive wird relativ selten gebraucht. Sie wirkt auf den Leser zu aufdringlich, daher ist sie für Schreibanfänger nicht geeignet.

Sie müssen sich für einen Charakter entscheiden, durch dessen Augen der Leser die Geschichte erleben soll. Das muss nicht immer die Hauptfigur sein. Je nachdem, welche Figur Sie wählen, wird es immer eine andere Story sein.

Wie schon bereits erwähnt, ist die personale Erzählperspektive für Schreibanfänger die beste. Er oder sie erzählt die Geschichte, das heißt, nur was er weiß, fühlt oder denkt, vermutet und hofft, kann erzählt werden. Nur aus dem, was der personale Erzähler sieht, hört und sagt, kann der Leser ableiten, wer die anderen Personen sind, und erfahren, was diese denken und fühlen.

Zweite Übung

Nehmen Sie einen kurzen Abschnitt aus einem Roman und schreiben Sie diesen in eine andere Erzählperspektive. So können Sie am schnellsten herausfinden, welche Perspektive Ihnen liegt und welche nicht. Bitte beachten: Ein Ich- oder personaler Erzähler kennt nur seine eigenen Gedanken und Gefühle. Er kann über die Gefühle und Gedanken der anderen nur mutmaßen.

Hier ein Beispiel

Phoebes Stimmung beunruhigte Diana. Sie hatte sie früher schon zornig und bitter erlebt, aber niemals in diesem Maß wegen einer solchen Kleinigkeit. Es war, als hätten die Ereignisse des Nachmittags in ihrer Abwehrmauern Löcher geschlagen, durch die nun die jahrelang angestauten Emotionen ans Tageslicht kamen. Die Gefahr, die darin lag, sah sie nur allzu klar. Sie und Anne hatten Jane als das schwache Glied gesehen. Sollten Sie sich getäuscht haben? War nun vielleicht Phoebe die Verletzliche?

Minette Walters **Im Eishaus**

Mit dieser Erzählperspektive baut man schnell eine Nähe zum Charakter auf und nimmt alles durch seine Augen wahr. So erfährt man, was er fühlt und denkt und erhält Einblick in seine Sprache, auch dann, wenn er nicht spricht. Der personale Erzähler kann selbst bestimmen, wie viel Nähe er zulässt. ER kann in den Kopf des Charakters schlüpfen oder ganz dicht heranfahren oder weiter zurückfahren.

Beispiele:

Kamerasicht aus dem Kopf des Charakters:

Pete war nicht überrascht, dass Nora fünfzehn Minuten zu spät kam, und natürlich trug sie ihr neues Kleid. Ein blaues Kleid. Nein, nicht einfach blau. Ein lebendiges Blau, wie in Stoff eingewebtes Neon. „Gefällt`s dir?", fragte Nora. Peter zwang sich zu lächeln. „Großartig." Wie gewöhnlich konnte sie seine Gedanken lesen, obwohl er sich bemühte, ein fröhlicher, umgänglicher Heuchler zu sein. Sie starrte ihn an. „Du willst immer, dass ich schlampig und langweilig aussehe."

Distanzierte Kammeransicht:

Als Pete ankam, war Nora nicht da. Er seufzte und setzte sich sofort hin, um zu warten. Fünfzehn Minuten später kam Nora. Sie trug ein blaues Kleid und dreht sich hin und her. „Gefällt`s dir?" Pete sah das Kleid einen Augenblick lang ausdruckslos an. Dann lächelte er schwach. „Großartig." Nora studierte Petes Gesicht für einen Moment und starrte ihn dann an. „ Du willst immer, dass ich schlampig und langweilig aussehe."

Tipp: Beschränken Sie sich auf einen Charakter, wenn sie in seinen Kopf hineinkriechen, sonst wissen die Leser nicht, mit wem sie sich identifizieren sollen.

Nicht nur die Handlung, sondern auch die Dialoge hauchen dem Charakter leben ein und machen ihn für den Leser interessant und unverwechselbar. Die Sprache eines Charakters zeigt seine Persönlichkeit. Für den Leser ist es wichtig, dass er sich selbst ein Bild machen kann.

Beispiel:

Scarlett langweilte sich sehr und verzog vor Ungeduld den Mund." Wenn ihr noch einmal Krieg sagt, gehe ich ins Haus und mache die Tür zu. Nie im Leben habe ich ein Wort so satt gehabt. Pa redet morgens, mittags und abends davon, und alle die Herren, die ihn besuchen, schwatzen von Fort Sumter und dem Recht der Staaten und Abraham Lincoln, dass es zum auswachsen ist, und auch die Jungs reden nur davon und von ihrer dummen Truppe. Ich habe mich auf keiner Gesellschaft mehr amüsiert, weil die Jungs von nichts anderem mehr reden können.

Margaret Mitchell **Vom Winde verweht**

HELDEN/SCHURKEN und andere Charaktere

Eine spannende Geschichte braucht interessante Charaktere, denn sie entsteht aus der Verknüpfung von „wer" und „was". Wer spielt die Hauptrolle und was ist die Story? Als erstes sollte man sich ein Handlungsgerüst überlegen und sich passend dazu, die geeignete Besetzung ausdenken. Aber bitte keine Stereotypen.

Erklärung dazu:

Stereotypen sind Verallgemeinerungen über Menschengruppen wie zum Beispiel: Die dumme Blondine, die böse Schwiegermutter oder der reiche Snob.

Sie sollten Ihre Charaktere gut kennen, damit diese glaubwürdig erscheinen. Vermeiden Sie Klischees. Überzeugende Charaktere müssen mehrdimensional sein: Physisch, soziologisch und psychologisch.

Am besten schreiben Sie einen Steckbrief oder eine Kurzbiographie über Ihre Hauptcharaktere. Beginnen Sie mit einer Checkliste.

CHECKLISTE:

Charakterisierung - Äußeres

- ✓ Kleidung
- ✓ Mimik und Gestik
- ✓ Körperhaltung
- ✓ Bewegung
- ✓ Auffälligkeiten wie zum Beispiel: Narben, Tattoos oder Behinderungen usw.
- ✓ Aussehen: Gewicht, Größe, Haarfarbe, Augenfarbe, Figur ...

Besonderheiten, Gewohnheiten

- ✓ Angewohnheiten
- ✓ Begabungen
- ✓ Phobien/Ticks
- ✓ Hobbys
- ✓ Einstellungen

Umfeld

- ✓ Herkunft
- ✓ Familie
- ✓ Freunde
- ✓ Wohnort
- ✓ Ansehen
- ✓ Beruf

Motivation/Triebe

- ✓ Ziele
- ✓ Ambitionen
- ✓ Wünsche
- ✓ Träume
- ✓ Neid
- ✓ Hass
- ✓ Eifersucht
- ✓ Ängste

Vergangenheit

- ✓ Geburtsort
- ✓ Herkunft
- ✓ Früheres Umfeld
- ✓ Geheimnisse
- ✓ Leichen im Keller

Tipp: Wählen Sie aus Ihrem Steckbrief wenige, aber dafür aussagekräftige Details für Ihre Charakterdarstellung aus, damit Sie die Leser nicht langweilen.

Eine gute Charakterisierung ist viel mehr als eine einfache Beschreibung: Sie sagt etwas über den Beschriebenen aus und sie ist untrennbar mit der Geschichte verwoben.

Beispiele:

Scarlett war nicht besonders groß und wog wahrscheinlich nicht mehr als 50 kg. Sie hatte fast schwarze Haare und blassgrüne Augen. Um ihre weiße Haut vor der Sonne zu schützen, trug sie ein Häubchen.

Diese Aussage ist zu allgemein gehalten.

Scarlett O´Hara war nicht eigentlich schön zu nennen. Wenn aber Männer in ihren Bann gerieten, so wurden sie dessen meist nicht gewahr. Allzu unvermittelt zeichneten sich in ihrem Gesicht die zarten Züge ihrer Mutter, einer Aristokratin aus französischem Geblüt, neben den derben Linien ihres urwüchsigen irischen Vaters ab. Dieses Antlitz mit dem spitzen Kinn und den starken Kiefern machte stutzen. Zwischen den strahlenförmigen schwarzen Wimpern prangte ein Paar blassgrüner Augen ohne eine Spur von Braun. Die äußeren Winkel zogen sich ein klein wenig in die Höhe ... **Vom Winde verweht**

Quellen für den Charakter

- Menschen beobachten
- Tragen Sie immer ein Notizblock dabei
- Geeignete Orte suchen

Schriftsteller ist man zu jeder Zeit und an jedem Ort.

Details wie zum Beispiel: Gesten, Mimik oder Macken, eine bestimmte Körperhaltung oder bestimmte Vorlieben, regen die Phantasie an und sind der Schlüssel zum Herzen der Leser. Wie gehen die Menschen: Trippelnd, schwankend, federnd, schwingend, aufrecht, mit gesenktem Kopf, steif usw. Die Sprache sagt viel über die Herkunft und das Umfeld aus. Fügen Sie die Details zu einem Gesamteindruck zusammen. Auch hier heißt es: „Übung macht den Meister!"

Sie sollten einen Charakter besser verstehen, als sich selbst. Sie wollen einen Mörder erschaffen, dann denken Sie sich in den Mörder hinein. Analogie (Entsprechung) heißt das Schlüsselwort. Suchen Sie nach eigenen Emotionen. Wer hat nicht schon einmal daran gedacht, jemanden umzubringen. Auch wenn wir es sicher nicht tun werden, können wir es uns doch vorstellen. Steigern Sie ihre Emotionen und machen Sie die Gefühle und die Umstände so erdrückend realistisch, dass Ihr Charakter dann tatsächlich einen Mord begeht.

Scheuen Sie sich nicht vor unangenehmen Gefühlen. Wer bewegend schreiben will, muss in der Lage sein, Emotionen auszuleben.

Die Charaktere müssen sich im Laufe der Geschichte weiterentwickeln, also braucht die Figur eine bestimmte Motivation, ein Motor, der sie antreibt. Rache ist zum Beispiel so ein Motor. Im Laufe der Geschichte kann sich die Motivation natürlich auch ändern.

Beispiel: Seine einzige Motivation zu Beginn der Geschichte ist der Ehrgeiz, doch nach und nach ändert sich die Motivation und am Ende ist die Liebe zu seiner totkranken Frau wichtiger als Geld und Macht.

Die Veränderung sollte sich langsam und für den Leser nachvollziehbar entwickeln.

Der Protagonist muss sich sogar weiterentwickeln, sonst wird er für den Leser langweilig. Er muss dazu lernen. Es gibt nichts schlimmeres, als einen Charakter der immer gleich reagiert, aber lassen Sie sich Zeit bei der Entwicklung des Charakters, den die Entwicklung sollte nachvollziehbar und verständlich sein.

Dahingegen muss die Nebenfigur nicht mehrdimensional sein. Sie muss sich nicht unbedingt weiterentwickeln, denn das würde nur Verwirrungen in die Geschichte bringen. Die Nebenfigur übt in der Geschichte oft einen ruhenden Pol aus. Das gleiche gilt auch für Platzhalterfiguren. Diese treten größtenteils nur ein- bis zweimal während der Geschichte auf.

HAUPT UND NEBENFIGUREN

Die Hauptfiguren sind diejenigen, von denen die Geschichte handelt, die uns bewegen und die, die den Hauptkonflikt liefern.

Die zentrale Hauptfigur einer Geschichte ist der Protagonist. Dieser braucht seinen Gegenpart, den Antagonist, dieser ist nicht selten ebenfalls eine Hauptfigur. Der Antagonist stellt sich dem Protagonisten beim Erreichen seines Zieles in den Weg.

Wie der Joker in Batman.

Die Nebenfiguren sind nicht so präsent wie die Hauptfiguren. Sie tun Nebensächliches und verschwinden wieder. Hier sind die Grenzen allerdings fließend.

Eine Nebenfigur kann durch Äußerlichkeiten oder Charaktereigenschaften sehr interessant gestalten werden.

Nebenfiguren können wichtige Funktionen erfüllen.

Die unterstützende Nebenfigur ist oft ein Vertrauter der Hauptfigur. Zum Beispiel der Bruder oder der Freund. Allerdings kann der Vertraute, wie zum Beispiel bei Bonny und Clyde auch Hauptfigur sein.

Die Nebenfigur als Kontrastfigur hat die Funktion den Charakter der Hauptfigur deutlicher hervorzuheben. Die Geschichte gewinnt dadurch an Tiefe. In vielen Komödien sind Kontraste eine zentrale Quelle der Komik.

Da gibt es noch den Platzhalter neben der Nebenfigur, die sogenannten Statisten. Sie bilden den Hintergrund der Geschichte. Bodyguard, Postbote, Sekretärin usw.

Bei der Charakterisierung von Protagonisten und Antagonisten sollte man, wie bereits erwähnt, Stereotypen tunlichst vermeiden.

Bei den Platzhaltern ist das kein Problem. Hier dürfen die Figuren die Aufmerksamkeit nicht zu sehr auf sich ziehen. Der Platzhalter erfüllt seine Funktion (Postbote bringt Brief) und verschwindet dann wieder.

HIER NOCHMAL EINE ZUSAMMENFASSUNG

Hauptfiguren

- Wer ist die Hauptfigur?
- Durch wessen Augen erleben wir die Geschichte? (Erzählperspektive)
- Bewegt uns die Hauptfigur?
- Welche Motivation, welches Ziel hat die Hauptfigur?
- Gibt es einen Gegenspieler?
- Wie behindert der Antagonist den Protagonisten beim Erreichen seiner Ziele?

Nebenfiguren

- Die Nebenfiguren dürfen nicht im Mittelpunkt stehen
- Sie sollten dennoch vielschichtig und originell sein
- Sind die Funktionen der Nebenfiguren klar definiert?
- Ist die Nebenfigur der Vertraute der Hauptfigur?
- Liefert die Nebenfigur wichtige Hinweise für den Fortgang der Story?
- Gibt es einen Kontrast zwischen Nebenfigur und Hauptfigur?
- Sind die Platzhalter wirklich unauffällig?

DER PLOT Die Struktur einer Geschichte

Definition

Der Plot sind die bedeutsamen Ereignisse einer Geschichte, also Ereignisse, die wichtige Konsequenzen haben.

Der König starb, und dann starb die Königin.

Schilderung einer Abfolge von Ereignissen – **die Handlung.**

Der König starb, und dann starb die Königin <u>aus Kummer</u>.

Erklärung

Erst der Zusatz „ **aus Kummer**" macht die Handlung zu einem Plot, denn nun haben die beiden Ereignisse einen Bezug zueinander: Der Tod des Königs ist die Ursache für den Tod der Königin.

Der Plot ist der Kompass, der Sie sich durch die Geschichte führt. Wie und warum entfalten sich die Ereignisse?

Plot ist das englische Wort für Handlung oder Handlungsablauf.

Hier ist ein Plot Plan

Anfang

1. Ein Charakter
2. Mit einem Problem
3. In einem bestimmten Setting

Mitte

1. Versucht das Problem zu lösen
2. Scheitert und macht das Problem dadurch noch schlimmer

Ende

1. Unternimmt einen letzten Versuch – ist erfolgreich oder scheitert endgültig
2. Bestätigung – Ende gut alles gut.

Ein guter Plot kann nicht isoliert betrachtet werden. Er ist mit anderen Elementen der Story – Charakter, Setting und dem Konflikt verbunden.

DIE PRÄMISSE Das Herz der Geschichte

Die Prämisse ist eine Kurzformel für das, was den Charakteren in einer Geschichte als Folge der zentralen Ereignisse widerfährt. Im Klartext heißt das, die Prämisse ist der Kern und der Ausgangspunkt der Geschichte.
Als Prämisse bezeichnet man in der Logik eine Voraussetzung oder Annahme. Sie ist eine Aussage, aus der eine logische Schlussfolgerung gezogen wird.
Die Prämisse von „Der alte Mann und das Meer" lautet: „Mut führt zur Erlösung."

Jede spannende Erzählung hat eine Prämisse. Die Prämisse gibt Ihrer Geschichte die Bedeutung. Sie ist auf die jeweilige Geschichte zugeschnitten, deshalb darf sie nicht zu allgemein ausfallen.

Der Autor muss sich darüber im Klaren sein, was er überhaupt erzählen will und warum er es erzählen will. Das klingt selbstverständlich, aber oft verzettelt man sich in der selbst erfundenen Welt und serviert dem Leser dann langweilige Dialoge, die nirgendwo hinführen. Oder der Leser weiß gar nicht mehr, um was es überhaupt geht.

Mithilfe der Prämisse markiert man den Punkt, zu dem man hin will und jedes Kapitel und jede Szene sollte einen Schritt näher dorthin führen.

DIE MITTE DES ROMANS

Der packende Anfang soll den Leser in die Geschichte hineinziehen und ein gutes Ende soll dazu veranlassen, noch mehr von Ihnen lesen zu wollen. Aber die Mitte muss den Leser fesseln, damit er das Buch nicht vorzeitig zur Seite legt. Jedes Buch folgt einem Aufbau:

- Anfang/Eröffnung
- Krise, Konflikt
- Rückblende
- Phase 1/Scheitern eines Lösungsversuches
- Phase 2 /Überraschende Wendung
- Phase 3 /Unausweichlichkeit
- Phasen mit steigernder Spannung
- Dramatischer Höhepunkt mit Lösung
- Ende

Der gute Anfang fordert die Aufmerksamkeit des Lesers und ein guter Mittelteil fesselt den Leser. Die Spannung sollte ständig, bis zum ersten Höhepunkt hin, ansteigen. Als Anfänger sollten Sie sich punktgenau an den Spannungsbogen halten, damit Ihre Geschichte spannend bleibt.

Die Phase nah dem ersten Konflikt können Sie dazu nutzen, dem Leser etwas über die Figuren zu erzählen. Hier können Sie Rückblenden oder Landschaftsbeschreibungen einbauen. Allerdings dürfen Sie auch hier nicht den ersten Konflikt aus den Augen verlieren. Auch hier sollten Sie die Figuren immer weiter in den nächsten Konflikt treiben. Die Atempause darf nicht zu lange dauern, denn sonst laufen sie Gefahr, dass Langeweile aufkommt.

In einem Krimi folgt jetzt vielleicht der zweite Mord. Hier scheitert die Hauptfigur mit Ihrem Lösungsversuch. Der Antagonist (Gegenspieler) behält in dieser Phase die Oberhand. Er wird noch gemeiner und hinterhältiger.

Die Figuren müssen sich stets weiterentwickeln. Sie sollten an ihren Problemen und Krisen wachsen und dennoch wieder scheitern. Um den Leser zu fesseln brauchen Sie Überraschungen.

Der Protagonist ist erneuert gescheitert und nun können Sie eine überraschende Wendung einbauen. Allerdings sollten Sie darauf achten, wenn Sie jetzt eine Schlüsselperson ins Spiel bringen, dass Sie diese schon vorher einmal erwähnt haben. Vielleicht während der Rückblende.

Die Ereignisse müssen sich jetzt verdichten. Geheimnisse können jetzt aufgedeckt werden. Vielleicht gönnen Sie hier der Hauptfigur kleine Erfolgserlebnisse.

Doch nicht zu lange. Etwas Unerwartetes muss geschehen, mit dem der Protagonist gar nicht gerechnet hat und er gerät in noch größere Schwierigkeiten.

„Große Ereignisse werfen ihre Schatten voraus" – eben diese Schatten führen dann zu den überraschenden Wendepunkten.

Jetzt kommt es zum dramatischen Höhepunkt mit Lösung.

Wenn Sie einen Krimi schreiben, dann dürfen hier die wilden Verfolgungsjagden und unzählige Autorkarambolagen nicht fehlen.

Die Lösung des letzten Konflikts muss unausweichlich sein. Die Hauptfigur stürzt in eine noch größere Krise. Der Gegenspieler wird noch hinterhältiger und gefährlicher.

Achtung: Die Lösung muss logisch bleiben.

Die Geschichte muss von Anfang an auf den Höhepunkt zusteuern. Alle was in Ihrer Story erzählt wird, muss im Hinblick auf diesen Höhepunkt erzählt werden- Rückblenden, Reflexionen, erster Konflikt – einfach alles.

DER ANTAGONIST der Gegenspieler des Helden

Der Antagonist ist der Gegenspieler des Protagonisten, der, der ihm im Weg steht oder aktiv gegen in kämpft. Der Antagonist ist nicht notwendigerweise menschlich. Auch Monster oder Zombies oder Naturgewalten sind dafür geeignet.

Nicht jeder Antagonist ist ein Schurke, es gibt verschiedene Typen und Arten von Antagonisten.

Ist der Antagonist ein Monster oder ein Geist, dann sollten Sie auf jeden Fall dafür sorgen, dass der Protagonist nicht komplett chancenlos ist.

Ein gutes Beispiel dafür ist die Serie „Supernatural!" Die beiden Jungs geraten immer wieder in eine Krise, finden aber wieder im Kampf gegen die Untoten, dank ihrer Kenntnisse und Erfahrungen, eine Lösung des Problems. Sie sind also nicht chancenlos.

Die Natur als Gegenspieler ist schon faszinierend. Der Kampf der Menschen gegen die Natur. Der Wissenschaftler, der ein Erdbeben voraussagt.

Der unmenschliche Mensch. Der Serienkiller, Massenmörder, Menschenfresser. Zeichnen Sie einen Menschen mit monströsen Zügen. Die Maske im Horrorfilm ist ein Symbol der Bosheit. Hannibal Lecter ist ein gutes Beispiel dafür.

Er wird wie ein gefährliches Wesen behandelt und unter größten Sicherheitsmaßnahmen verwahrt.

Tipp: Suchen Sie sich Ihren ganz eigenen Mentor, um von seiner Schreibweise zu profitieren.

Dann gibt es noch den zufälligen Bösewicht, er ist eigentlich nicht wirklich böse, ist aber durch sein schwaches Wesen vom Weg abgekommen.

Der Überraschungsbösewicht ist besonders spannend, weil er am Anfang der Geschichte gar nicht als Bösewicht erkennbar ist, aber das Bild kippt am Ende. Wenn Sie so einen Bösewicht verwenden, müssen Sei auf jeden Fall Hinweise einbauen, die die Überraschung im Rückblick auch logisch macht, sonst nimmt der Leser Ihnen das krumm.

Der tragische Bösewicht. Ein gutes Beispiel ist hier der Pinguin, ein Gegenspieler Batmans. Er ist ein Superbösewicht, aber er ist auch eine besonders tragische Figur mit einer schrecklichen Lebensgeschichte. Dieser Bösewicht bewegt den Leser. Um einen guten Antagonisten zu schaffen, müssen Sie ihn genauso sorgfältig ausarbeiten, wie den Protagonisten. Fragen Sie sich, wie er so wurde, was er ist. Er muss mindestens genauso stark sein wie der Protagonist.

KONFLIKT der Motor der Geschichte

Ohne Konflikt keine Geschichte. Wenn gegensätzliche Meinungen oder Kräfte aufeinander treffen, entsteht ein Konflikt. Die Hauptfigur hat ein Ziel und irgendetwas oder irgendjemand stellt sich ihr in den Weg.

Hier einige Beispiele, wie es zu einem Konflikt kommen kann:

Das Liebespaar will zusammen sein, aber die Eltern sind gegen die Verbindung. Der Kommissar will den Verbrecher stellen, doch dieser will mit seiner Beute ins Ausland fliehen. Oder durch einen inneren Konflikt, denn auch in ein und derselben Figur kann es widerstreitende Kräfte geben. Gewissen oder Pflichten und Begierde oder Liebe.

Effi Briest beispielsweise ist verheiratet, verliebt sich aber in einen anderen Mann und trägt deshalb einen inneren Kampf aus. Gesellschaftliche Normen und Werte können einen Konflikt auslösen und dienen oft als Gegenpol.

Ein Konflikt muss nachempfindbar sein. Etwas Wichtiges muss auf dem Spiel stehen. Die Kräfte die aufeinander treffen müssen etwa gleich stark sein, damit das Ergebnis nicht von vornherein feststeht. Natürlich muss es innerhalb der Geschichte eine Steigerung des Konfliktes geben. Die Lösung muss sich aus der Geschichte ergeben.

Was James N. Frey das „Bindungsprinzip" nennt, ist ein zentraler Aspekt des Konflikts. Hier stellen wir uns die Frage: Warum weicht der Charakter dem Konflikt nicht einfach aus? Warum kündigt die Frau, die von ihren Kollegen gemobbt wird, nicht einfach den Job? Hier müssen schon sehr gute Gründe dafür vorliegen, warum die Figur gerade dieses nicht tut. Weil sie zum Beispiel alleinerziehend ist und ihre Kinder durchbringen muss. Weil ihm die Schulden über den Kopf wachsen. Jemand ist eingesperrt und kann dem Konflikt nicht ausweichen. Wie zum Beispiel Mc Murphy in „ Einer flog über das Kuckucksnest."

Sie müssen sich immer wieder die Frage stellen, warum der Charakter dem Konflikt nicht ausweichen kann – und finden Sie plausible Erklärungen dafür!

Dritte Übung

Suchen Sie im nächsten Film, den Sie sich ansehen, nach dem zentralen Konflikt und analysieren Sie ihn. Welche gegeneinander wirkendenden Kräfte sind daran beteiligt? Was steht auf dem Spiel? Wie entwickelt sich der Konflikt. Ist die Lösung befriedigend?

SPANNUNG UND SUSPENSE

Wie erzählen Sie die Geschichte

Spannung erreichen Sie dann, wenn Sie den Leser schon am Beginn der Geschichte packen. Der Leser sollte dazu gebracht werden, das Buch nicht mehr aus der Hand legen zu wollen. Er muss danach brennen, wie es auf der nächsten Seite weiter geht und auf der nächsten .... Am besten, Sie beginnen Ihre Story mitten drin, vielleicht mit einer ungewöhnlichen Szene, aber setzen Sie hier schon einen ersten Hinweis auf den zentralen Konflikt der Geschichte. Der Leser muss sich Fragen stellen, denn Fragen erzeugen Spannung. Die Kunst eines guten Autors ist, die Antwort so lange wie möglich hinauszuzögern. Fesseln Sie Ihren Leser, er will gefesselt werden und, legen Sie Rote Heringe aus.

Rote Heringe sind Hinweise, die den Leser auf die falsche Fährte locken.

Die falschen Fährten sollten logisch sein. Ihre Leser müssen zu rätseln anfangen: Welche Spur ist denn nun die Richtige? Ungewissheit erzeugt Spannung. Allerdings denken Sie daran, dass Sie überraschende Wendungen im Plot(Struktur einer Geschichte) schon vorbereiten müssen, denn Sie möchten ja, dass der Leser Ihnen glaubt.

Die Hinweise müssen genauso stark sein, wie die roten Heringe, die Sie auslegen. Überraschungen müssen gut durchdacht sein.

Suspense ist das genaue Gegenteil von Überraschung, denn hier rechnet der Leser damit, dass etwas passiert, und ist genau deshalb gespannt. Der Leser weiß mehr als der Protagonist. Alfred Hitchcock arbeitete viel mit „Suspense".

Suspense entsteht, wenn der Leser mehr weiß als die Protagonisten und sich um sie sorgt.

Hier ein Beispiel: Es ist eine Bombe unter dem Tisch, niemand weiß es, und plötzlich explodiert die Bombe. Der Leser ist überrascht. „Suspense" wäre es, wenn der Leser

von der Bombe weiß, dann fiebert der Leser mit und möchte die Leute warnen, aber er kann sie nicht warnen und leidet deshalb besonders intensiv. Im Genre Horror hat die „Suspense" einen besonderen Platz, denn oft weiß der Zuschauer dass dort unten im Keller das Grauen lauert und würde den Hauptdarsteller am liebsten aufhalten.

Tipp: Indem Sie die Geschehnisse verschlimmern, erzeugen Sie einen guten Spannungsbogen

CHECKLISTE:

- ✓ Zu Beginn der Geschichte einen zentralen Konflikt einführen.
- ✓ Locken Sie den Leser auf die falsche Fährte, indem Sie rote Heringe auslegen.
- ✓ Bereiten Sie überraschende Wendungen im Plot gut vor.
- ✓ Achten Sie darauf, dass es bis zum Schluss offene Fragen für den Leser gibt.
- ✓ Beenden Sie die Kapitel an einer spannenden Stelle.
- ✓ Geben Sie dem Leser Informationen, die den Protagonisten retten würden. „Suspense".
- ✓ Bringen Sie den Protagonisten im Laufe der Geschichte in immer größere Schwierigkeiten, damit erhöhen Sie die Spannung der Geschichte enorm.

DAS SETTING Zeit/Ort/Soziales Umfeld

Sie kommen nicht darum herum, sich mit dem Setting Ihrer Geschichte (Zeit, Ort und soziales Umfeld) auseinander zusetzen. Alles hängt voneinander ab und greift ineinander über. In einer gut erzählten Geschichte gibt es eine untrennbare Verbindung. Denken Sie zum Beispiel an den Film „Shining" von Stephen King: Ein einsames Hotel, die Familie ist im Winter eingeschneit und völlig isoliert. Diese Isolation ist nötig, um die Spannung aufzubauen und damit die Geschichte überhaupt passieren kann. Sie sollten die Charaktere und das Setting optimal miteinander abstimmen.

Zum Gruselfilm gehört die unheimliche Nacht oder ein

dunkler Wald, zum Krimi die Verfolgungsjagd mit schnellen Autos.

Wer oder was wir sind, alles hängt zum größten Teil davon ab, wo, wann und unter welchen Umständen/Verhältnissen gelebt wird. All das prägt und formt einen Menschen. Ein Kind aus ärmlichen Verhältnissen hat andere Voraussetzungen, als das Kind reicher Eltern. Wichtig ist auch, die Frage der Wahrnehmung: Ein Mensch, der im Überfluss lebt, wird über einen kleinen Geldgewinn gar nicht lange nachdenken.

 Ein Mensch, der hart für sein Geld arbeiten muss, wird sein Glück mit ziemlicher Sicherheit laut raus schreien. Wie wir Orte betrachten, hängt immer von den Assoziationen ab und die beruhen auf unseren Erfahrungen.

Einem Stadtmenschen geht vielleicht das Herz auf, wenn er aufs Land kommt und die schöne Natur sieht. Der Landmensch sehnt sich nach dem Trubel der großen Stadt. Auch die Zeit, wann die Geschichte spielen soll, ist wichtig.

Beschreibung des Settings: Das Geheimnis steckt in der Wahl der Erzählperspektive: Wer ist es, durch dessen Augen wir die Geschichte erleben?

CHECKLISTE:

- ✓ Das Setting ist mit der Geschichte untrennbar verbunden.
- ✓ Setting wird immer durch die Wahrnehmung des Beschreibenden gefiltert. Sie müssen daher den Charakter gut kennen und versuchen mit seinen Augen zu sehen.
- ✓ Am Anfang der Geschichte sollten Sie einige wenige Details zum Setting einarbeiten, damit der Leser weiß, wo und zu welcher Zeit die Geschichte spielt.
- ✓ Nutzen Sie alle fünf Sinne, um interessante Details des Settings zu finden und streuen Sie diese in kleine Häppchen in den Verlauf der Geschichte ein.
- ✓ Sie sollten das Setting auch dazu benutzen, den Plot der Geschichte voranzutreiben.

DER DIALOG so klingt es echt

Dialoge sollen direkt und lebendig sein, denn wir sind sozusagen live dabei, während die Charaktere sprechen. Deshalb eignet sich der Dialog auch so gut zur Charakterisierung.

Aber achten Sie auf die Mischung: Ein seitenlanger Dialog ermüdet ebenso, wie zu lange Erzählpassagen.

Die Dialoge dürfen nicht langweilig und hölzern klingen. Fragen Sie sich immer wieder, ob auch wirklich jemand so sprechen würde. Benutzen Sie lieber eine eher umgangssprachliche Wortwahl und lesen Sie den Dialog laut.

Merke: Ein guter Dialog dient zur Charakterisierung der Person, eine Erzählung dagegen unterstützt den Plot.

Streichen Sie ein Zuviel an Begleitsätzen aus Ihrem Dialog, denn diese verlangsamen das Tempo. Die wörtliche Rede spricht für sich selbst.

Schlechtes Beispiel: John griff nach dem Gewehr und zielte auf Mary. „Ich werde dich umbringen", sagte er drohend. – „Mich umbringen? Warum? , fragte sie – „ Ha, ha, ha", lachte er. „ Weil du mir im Weg bist", antwortete er spitz.

So ist es besser: John griff nach dem Gewehr und zielte auf Mary. – „Ich werde dich umbringen." – „Mich umbringen? Warum?" Er lachte. „Weil du mir im Weg bist!" „ Bitte…bitte, John! Ich bitte dich! Bring mich nicht um!"

DIE GESPRÄCHSSTRUKTUR

Wenn Menschen sich unterhalten, läuft das in der Regel nicht geordnet ab.

- Eine Frage wird gar nicht beantwortet – oder erst später.
- Eine Frage wird mit einer Gegenfrage beantwortet.
- Keine Antwort auf das, was gefragt wurde, sondern auf das, wovon man glaubt, dass der andere es gemeint hat.
- Keine Antwort – Schweigen.
- Man wiederholt erst einmal das, was der andere gesagt hat.
- Man unterbricht den anderen.
- Einfach das Thema wechseln.

Ein Dialog muss echt klingen. Er muss verdichtet sein; er muss genug Informationen enthalten, um die fehlende Körpersprache wettzumachen. Sie machen ihn echt, indem Sie Merkmale echter Gespräche einbeziehen: Schweigen, Antworten mit Gegenfrage oder einer Geste, abrupter Themenwechsel, indirekte Antwort usw.

DAS ENDE EINES ROMANS

Der Anfang muss den Leser so fesseln, dass er das Buch nicht mehr aus der Hand legen kann, aber das Ende sollte bei dem Leser nachhallen. Ein schlechtes Ende ist der Tod eines jeden Romans. Neben einem guten Anfang ist ein logisches und befriedigendes Ende der wichtigste Teil eines Romans.

Hinterlassen Sie immer einen guten letzten Eindruck, damit Ihr Leser gewillt ist, weitere Bücher von Ihnen zu lesen.

Den Anfang können Sie auf unterschiedliche Arten gestalten; sei es mit einem Prolog, einem Dialog, einem Zitat oder einer Rückblende. Nicht aber bei einem guten Ende – hier gibt es nur wenige Möglichkeiten.

Grundmodelle für ein gelungenes Ende

Führen Sie Anfang und Ende Ihrer Geschichte in eine Art „Kreis" zusammen. Beginnt der Roman mit der Geburt des Helden, so kann er mit dem Tod enden. Oder, Sie beginnen Ihren Roman mit einer Reise, dann lassen Sie ihn mit der Ankunft enden – hier schließt sich dann der Kreis. Im Genre des historischen Romans ist diese Art des Endes sehr häufig zu finden.

Tipp: Halten Sie sich kurz. Für lange Ausführungen und Beschreibungen hatten Sie während des ganzen Romans Zeit. Das Ende sollte logisch, kurz und prägnant sein.

Lineares Modell: Hier schließt sich der Kreis nicht. Der Protagonist kehrt bei diesem Modell nicht zurück an den Ursprungsort, er hat sich von seinem Anfang fortentwickelt.

„Ende gut – alles Gut" – klingt immer ein bisschen nach Komödie. Die großen Hollywood-Filme enden immer gern mit einem Happy End. Gegen ein Happy End ist nichts einzuwenden. Wenn das Ende auf amüsante Weise erzählt wird, ist dies doch ein gelungener Abschluss der Geschichte.

Das tragische Ende. Hier muss die Geschichte linear auf das tragische Ende zusteuern. Die komplette Handlung sollte keinen Raum für ein Happy End bieten. Das tragische Schicksal von Romeo und Julia, die nur noch den Tod als Ausweg sehen, ist ein gutes Beispiel.

Wichtig: Achten Sie darauf, welches Ende Ihre Geschichte verlangt! Eine Komödie dürfen Sie nicht auf der letzten Seite tragisch enden lassen und anders herum auch nicht.

Das offene Ende ist eines der schwierigsten Modelle.

Die Neugier des Lesers wird nicht befriedigt. Hier muss der Leser die Lösung selbst finden. Sie deuten hier die Antworten nur an. Der Leser muss eine eigene Wahrheit entdecken. Sie können offen lassen, ob sich das Pärchen am Ende doch noch bekommt, aber geben Sie dem Leser einen Hinweis! Bauen Sie einen Dialog ein, in dem sich das Pärchen nach langer Zeit versöhnlich miteinander unterhält. Ob sie sich dann aber wieder finden werden, bleibt der Phantasie des Lesers überlassen.

DIE POINTE

Wenn Sie ein Ende dieser Art anstreben, müssen Sie darauf achten, dass Sie während der gesamten Erzählung das Ende bereits eingebaut haben, aber so geschickt, dass der Leser nichts davon ahnt. Die meisten Krimi-Kurzgeschichten enden mit einer Pointe.

Lassen Sie am Ende nichts nachklingen, sondern beenden Sie das Buch mit einem Knall, mit einem Schlusspunkt.

Zusammenfassung

- ✓ Fassen Sie sich kurz, ohne große Ausführungen.
- ✓ Lassen Sie ein Happy End nicht zu kitschig wirken.
- ✓ Ein tragisches Ende sollte dennoch versöhnlich für den Leser sein.
- ✓ Beenden Sie den Roman mit einem Knall.

UND NUN, VIEL ERFOLG!

SIE KÖNNEN ES, WEIL SIE GLAUBEN, DASS SIE ES KÖNNEN!

.